PRIX : 1 FRANC

AUX CONTRIBUABLES

EXPLICATION PRATIQUE

DE LA LOI CONCERNANT

L'IMPOT SUR LE REVENU

ARTICLE PAR ARTICLE

(Loi du 15 Juillet 1914)

PAR

STANISLAS DE RIBEROT
Avocat
Docteur en Droit

et

MAURICE DE RIBEROT
Publiciste

TONNEINS
IMPRIMERIE OUVRIÈRE, RUE GAMBETTA

1916

PRIX : 1 FRANC

AUX CONTRIBUABLES

EXPLICATION PRATIQUE

DE LA LOI CONCERNANT

L'IMPOT SUR LE REVENU

ARTICLE PAR ARTICLE

(Loi du 15 Juillet 1914)

PAR

STANISLAS DE RIBEROT
Avocat
Docteur en Droit

et

MAURICE DE RIBEROT
Publiciste

IMPRIMERIE OUVRIÈRE, RUE GAMBETTA. — TONNEINS

1916

NOTE IMPORTANTE

C'est aux Contribuables que s'adresse ce commentaire. Il ne suffit pas, en effet, pour eux, d'attendre qu'ils soient avertis par l'Administration, comme en matière ordinaire, de leur inscription sur les rôles de l'impôt ; la loi les invite tous à souscrire une déclaration, fut-elle négative, et pour les engager à prendre cette initiative, elle leur accorde un régime de faveur que les contribuables qui se laisseront taxer ne pourront pas invoquer. Il est donc indispensable de connaître le lieu, l'époque et les conditions dans lesquels cette déclaration doit être produite.

L'étude de ce travail permettra aux intéressés de se rendre un compte exact de leurs obligations envers le Trésor, et de ne pas verser dans ses caisses au delà de ce qui lui est légitimement dû.

Pour tous renseignements, s'adresser aux Auteurs

AIGUILLON (Lot-et-Garonne)

IMPOT SUR LE REVENU

Loi de finances du 15 Juillet 1914

ARTICLE 5.

Il est établi un impôt sur le revenu.

La loi concernant l'impôt sur le revenu a été discutée, votée et promulguée en même temps que la loi de finances de l'année 1914, dont elle fait partie intégrante; elle y figure depuis l'article 5 jusqu'à l'article 25, inclusivement.

En premier lieu, l'impôt sur le revenu avait été considéré comme un impôt de remplacement; il devait se substituer aux quatre contributions, ou, tout au moins, à deux d'entre elles personnelle-mobilière et portes et fenêtres.

Il est devenu un impôt de superposition qui laisse subsister toutes les autres taxes, même celles qui affectent déjà certains revenus, notamment les valeurs mobilières.

Tel qu'il est actuellement, il ne pèsera pas d'un poids très lourd sur les contribuables, puisqu'il n'en atteint que 500000 environ, et ne procurera au Trésor, qu'un avantage dn 40 à 60 millions. Par exemple, pour un revenu net de 10000 fr. un célibataire paiera 20 francs par an; un homme marié, sans aucune personne à sa charge, 12 francs, et avec 6 personnes à sa charge, il ne paiera rien. Ce dernier devra posséder un revenu de 15000 francs pour être grevé d'une contribution annuelle de 3 francs; mais cet impôt, est menaçant, et nul doute que, dans l'avenir, il ne se montre de plus en plus exigeant; car, suivant l'expression de M. J. Jaurès, il est facilement *développable...*, par une simple élévation du taux sur le revenu.

L'Impôt est établi sur le montant total du revenu net annuel dont dispose chaque contribuable, tel qu'il est déterminé par l'article 10 de la présente loi et au chapitre premier du décret du 15 Janvier 1916. *(Art. 10).*

ARTICLE 6.

L'Impôt général sur le revenu est dû, au premier Janvier de chaque année, par toutes les personnes ayant en France une résidence habituelle.

Sont considerées comme ayant en France, une résidence habituelle, les personnes qui y possèdent une habitation à leur disposition, à titre de propriétaires, d'usufruitiers ou de locataires, lorsque, dans ce dernier cas, la location est conclue, soit par une convention unique, soit par conventions successives, pour une période continue d'au moins une année.

Est dû au 1er Janvier. — Dû, n'est pas synonyme de payable. L'impôt dû au 1er Janvier pourra donc être acquitté dans le courant de l'année, excepté dans le cas prévu au paragraphe 2 de l'article 21.

Les personnes ayant une résidence habituelle. — Les *Français* et *étrangers*, ayant en France une résidence habituelle, sont soumis à l'impôt, et, a plus forte raison, tous les *Français et étrangers*, ayant en France un *domicile*. L'application de la loi est faite aux premiers, conformément à l'article *11* et aux seconds conformément aux art. *10 et 19*.

Les personnes physiques sont, seules, visées et non les personnes morales, telles que les sociétés; il y aurait en effet, double emploi, ainsi que l'a expliqué M. Aimond dans son rapport, si l'impôt atteignait à la fois les collectivités et les personnes qui les composent.

Sont considérées comme ayant une résidence habituelle. — On appelle résidence, d'aprés MM. Aubry et Rau, le lieu où une personne demeure habituellement, sans qu'elle puisse, pour cela, être considérée, comme y ayant établi son domicile.

Habituelle. — Cette expression n'a pas été discutée au cours des débats. Cependant, dans le rapport de M. Aimond, il est dit que l'habitation d'une residence doit avoir un certain *caractère de permanence,* et que l'occupation ininterrompue d'un même logement ou l'occupation successive de logements différents, *pendant une période totale d'au moins une année,* est, ordinairement, considérée comme constituant l'*habitude* nécessaire pour justifier la perception de l'impôt.

C'est de cette définition que paraît s'être inspiré le législateur dans le paragraphe 2 de l'article 6, en ce qui concerne les locataires. Il a sans doute voulu, en disant *sont considérés* éviter, des controverses, mais nous doutons qu'il y ait réussi.

A leur disposition. — Doit s'entendre des propriétaires, et usufruitiers qui ont une résidence dans leurs immeubles.

Quant au domicile, c'est le lieu, dit la loi, où une personne a son principal établissement. Du reste la jurisprudence est fixée à cet égard.

ARTICLE 7.

Si le contribuable a une résidence unique, l'impôt est établi au lieu de cette résidence.

Si le contribuable possède plusieurs résidences, il est assujetti à l'impôt au lieu où il est réputé posséder son principal établissement.

Cet article ne saurait donner lieu à aucune difficulté, parce que l'impôt étant, à Paris, le même que dans les campagnes, il n'y aura aucun intérêt, ni pour le fisc, ni pour le contribuable, à choisir de préférence telle ou telle résidence.

ARTICLE 8.

Chaque chef de famille est imposable tant à raison de ses revenus personnels que de ceux de sa femme, et des autres menbres de sa famille qui habitent avec lui.

Toutefois les contribuables peuvent réclamer des impositions distinctes :

1° Lorsqu'une femme séparée de biens ne vit pas avec son mari;

2° Lorsque les enfants ou autres membres de la famille, *sauf le conjoint*, tirent un revenu de leur propre travail, ou d'une fortune indépendante de celle du chef de famille.

Chef de famille. — Cette expression désigne plutôt le *maître de maison, le chef de foyer* que le père de famille ; en effet, l'impôt frappe distinctement, la femme séparée de biens qui ne vit pas avec son mari, parce qu'elle est en réalité maîtresse de foyer. C'est ce qui explique le *primo* ; de l'art. ci-dessus.

Dans le *secundo*, est inserée une disposition dont la portée est considérable. En effet, le chef de famille aura parfois intérêt à réclamer des impositions distinctes des siennes pour ses enfants et autres membres de la famille, *le conjoint* excepté. Un exemple puisé dans le *Journal des Notaires* sous la signature de Raymond Mathely, avocat, fera ressortir cet intérêt. Soit une famille composée de 4 enfants tous majeurs:

Le père gagne	4.800 fr.
La mère	1.800 fr.
Le 1er enfant	3.000 fr.
Le 2e enfant	2.400 fr.
à reporter	12.000 fr.

	report.	12.000 fr.
Le 3e enfant	....	1.800 fr.
Le 4e enfant	....	1.200 fr.

Ces différents revenus forment un total de...... 15.000 fr.
Si l'on déduit, en vertu de l'article 9 5000 fr.
— — — 12 2000 fr.
soit 7000 fr. ci 7.000 fr.

On voit que le revenu imposable, sans tenir compte des contributions directes, sera de.................... 8.000 fr.

Si, au contraire, le père de famille use du second paragraphe de l'article 8, autrement dit, s'il réclame des impositions distinctes, il ne ressortira de ces chiffres aucun revenu imposable. En effet, chacun des enfants ne possédant qu'un revenu inférieur à 5.000, francs n'aura rien à payer (art. 9).

Quant au père, ses revenus et ceux de sa femme sont confondus ; ils s'élèvent bien à 6.600 francs, mais il a droit:

1° à la déduction précitée de 5.000 francs *(Art. 9)*.

2° pour son conjoint, à une déduction de 2.000 francs *(Art. 12)*, ce qui fait une déduction totale de 7.000 francs. Or, son revenu étant inférieur à ce chiffre, il n'aura pas, lui non plus, d'impôt à supporter.

Si on se trouve en présence d'enfants mineurs, le contribuable pourra, suivant les cas, user utilement de la faculté accordée par le *secundo* de l'Art 8.

Membres de la famille. — Il est à remarquer que l'Art. 8 ne s'applique qu'aux personnes qui font partie de la famille du contribuable et qui habitent avec lui, *la femme en est exceptée,* elle lui donne droit seulement, conformément à l'Art. 12, à une déduction de 2.000 francs.

ARTICLE 9.

Sont affranchis de l'impôt:

1° Les personnes dont le revenu imposable n'excède pas la somme de 5.000 francs, majorée, s'il y a lieu, conformément à l'article 12 ci-après.

2° Les ambassadeurs et autres agents diplomatiques étrangers, ainsi que les consuls et agents consulaires de nationalité étrangère, mais seulement dans la mesure où les pays qu'ils représentent, concèdent des avantages analogues aux agents diplomatiques et consulaires français.

Sont affranchis de l'impôt. — Il faut avoir plus de 5.000 fr. de revenu *net* pour être possible de l'impôt. *(Voir Art. 6)*.

Majorée. — L'article 12 énumère les déductions que la loi accorde aux contribuables et qu'on retranche, s'il y a lieu, du revenu *global net.* Ainsi, la première réduction de l'Art. 9, 5.000 francs, peut-être majorée, si le contribuable est marié, de 2.000 francs, et s'il a des personnes à sa charge, d'une somme qui varie suivant le nombre de ces personnes. *(Voir Art. 12).*

Ambassadeurs etc. — Nous estimons que l'exemption qui leur est accordée ne saurait s'étendre qu'aux personnes limitativement désignées dans la loi. Par suite, si une puissance étrangère choisissait un Français pour la représenter en France, ce Français ne jouirait pas de l'immunité de l'impôt.

En effet, la loi ne l'accorde qu'aux représentants de *nationalités étrangères* ; la même solution doit s'appliquer aux individus attachés à la personne de l'agent étranger, aux membres de sa famille ou à ses serviteurs.

ARTICLE 10.

L'impôt est établi d'après le montant total du revenu net annuel dont dispose chaque contribuable. Ce revenu net est déterminé, en égard aux propriétés et aux capitaux que possède ce contribuable aux professions qu'il exerce, aux traitements, salaires, pensions et rentes viagères dont il jouit, ainsi qu'aux bénéfices de toutes occupations lucratives auxquelles il se livre, sous déduction :

1o des intérêts des emprunts et dettes à sa charge ;
2o des arrérages de rentes payées par lui, à titre obligatoire ;
3o des autres impôts directs acquittés par lui ;
4o des pertes résultant d'un déficit d'exploitation dans une entreprise agricole, commerciale ou industrielle.

Le revenu imposable correspondant aux diverses sources de revenus énumérées ci-dessus est déterminé, chaque année, d'après leur produit respectif pendant la précédente année.

Revenu net. — Ce revenu est formé par l'ensemble des revenus *nets* afférents aux diverses ressources que possède le contribuable, sous déduction des charges qui grèvent l'ensemble des revenus et qui sont spécifiées au 1°, 2°, 3°, 4° du présent article. *(Voir Art. 5.)*

Par exemple : un contribuable tire

de sa profession un revenu *net* de	Groupe A	6.000
de ses immeubles		7.000
de ses capitaux		5.000
d'une rente		3.000
Soit un revenu **total net** de		21.000

On en retranche les déductions de l'Art. *10* :

1° Intérêts des emprunts	Groupe B	1.200		
2° Arrérages des rentes		1.500		
3° Impôts directs		400		
4° Pertes agricoles, etc		3.900		
Total des déductions de l'article 10.		7.000	ci.	7.000
Reste après le retranchement de ces déductions				14.000

C'est ce reste de 14.000 qui s'appelle le revenu net *global* et qui est retenu pour l'établissement de l'impôt.

A ce revenu l'Administration appliquera, pour le calcul de l'impôt, les déductions prévues aux articles 12 et 15 de la loi.

1° Des rentes viagères dont il jouit. — La loi ne distingue pas entre les rentes viagères à capital aliéné ou à capital réservé, quoique, pour ces dernières, elles ne représentent qu'un revenu, tandis que pour les premières elles représentent, en outre, une portion de capital.

2° Des intérêts des emprunts, etc. — Une simple affirmation ne suffira pas pour que cette déduction soit admise par l'Administration. Sans doute, les titres constatant les dettes n'auront pas besoin d'être *enregistrés* ; mais si une difficulté s'élève sur leur force probante, c'est aux tribunaux qu'il appartiendra de se prononcer.

A titre obligatoire. — La loi refuse la déduction des arrérages payés *volontairement*.

Par exemple, un père qui servirait à sa fille une pension, sans y être obligé par un titre quelconque, ne serait pas en droit de la déduire de son revenu ; pour acquérir ce droit, il serait dans la nécessité, ou de se faire condamner au paiement de cette rente, ou de s'y obliger par un acte en due forme.

3° Des autres impôts directs. — On doit entendre par ces expressions, non seulement les quatre contributions directes, mais encore les taxes municipales et autres ; en un mot tous les impôts directs qui sont perçus à l'aide d'un rôle nominatif.

4° Des pertes résultant d'un déficit d'exploitation. — C'est à l'initiative de M. le sénateur Touron, qu'est due l'introduction dans la loi de cette disposition.

« Voici la situation qu'il a eu en vue et à laquelle il a voulu remédier. Je suppose, a-t-il dit, un cultivateur ayant une ferme assaillie par la grêle, par la maladie du bétail, ou par tout autre fléau, qui voit l'exercice de l'année visée par la déclaration, se clore par une perte sèche de 5000 où 6000 francs. »

« D'autre part, il a un revenu tiré de valeurs mobilières de 7000 ou 8000 francs. Eh! bien, au dire de la commission, cet agriculteur doit payer sur l'intégrité des ressources qu'il a tirées de ses valeurs mobilières et tenir sa perte pour inexistante, sans pouvoir la déduire de sa déclaration globale. »

Le gouvernement, après avoir résisté, s'est rangé à l'opinion de M. Touron et a accepté son amendement. Les pertes agricoles, commerciales et industrielles pourront donc être réduites de la déclaration globale.

M. de Kérouartz, envisageant ensuite la perte que subit un propriétaire qui n'est pas payé par son fermier, a demandé qu'on ajoutât à l'article 10: « ainsi que les pertes des propriètaires fermiers. »

M. le rapporteur général répondit que c'était inutile, car le mot « perte », dans l'amendement Touron, n'avait pas le même sens que le mot « perte » dans le non paiement du fermage au propriétaire.

Dans l'amendement Touron, il s'agit d'une perte réelle tandis que, dans le non paiement, il s'agit seulement « de l'absence de revenu. »

Or, le contribuable qui n'aura pàs été payé et qui par suite, n'aura pas touché de revenus, n'aura qu'à déclarer zéro.

M. de Kérouartz ayant ainsi obtenu satisfaction, retira son amendement.

Enfin, M. Emmanuel de Las Cases, devait présenter l'amendement suivant :

« Les causes de dégrèvements, remises et modérations d'impôt, prévues par les lois existantes en matière d'impôt sur la propriété bâtie, pourront être invoquées par les contribuables, soumis à l'impôt sur le revenu. »

Le sénateur de la Lozère déclara que son but était de faire supprimer dans le calcul du revenu, les pertes que pourraient faire, par suite de vacances, les propriétaires des habitations bâties ; mais que, s'en étant ouvert au Gouvernement, il avait reçu, lui aussi, satisfaction et que par suite il n'insistait pas.

En effet, ce propriétaire ne touchant pas de revenu n'aura

qu'à ne pas en déclarer. Pas de revenus pas d'impôts.

Pendant la précédente année. — La première application de cette loi présentera des situations difficiles à résoudre.

Prenons pour exemple un commerçant ayant réalisé au cours de l'année 1915, un revenu imposable de 10.000 francs et ayant cessé son commerce, sans le transmettre à qui que ce soit, dans le mois de décembre de la même année; devra-t-il en faire la déclaration, ou, à défaut, devra-t-il être taxé en 1916, d'après ce revenu réalisé en 1915 ?

Nous ne le pensons pas. Le revenu qui seul est imposé est celui de 1916, et si l'on parle de celui de l'année précédente, ce n'est que pour évaluer, approximativement, celui sur lequel l'impôt doit-être perçu.

Or, comme le bénéfice commercial de 10.000 francs ne se produira pas certainement dans le cas que nous examinons, il n'y a pas lieu de le comprendre dans la déclrration de 1916; Il en serait différemment si ce même négociant avait cédé son commerce; le successeur aurait en 1916 à déclarer les revenus commerciaux de 1915, non pas pour payer sur les revenus de 1915 un impôt qui n'est pas dû, mais pour évaluer les revenus probables de 1916.

ARTICLE 11.

En ce qui concerne les personnes non domiciliées en France, mais y possédant une ou plusieurs résidences, le revenu imposable est fixé à une somme égale à sept fois la valeur locative de cette ou de ces résidences, à moins que les revenus tirés par le contribuable, de propriétés, exploitations ou professions sises ou exercées en France, n'atteignent, un chiffre plus élevé, auquel cas, ce dernier chiffre, sert de base à l'impôt.

Cet article doit être rapproché de l'article 6.

Habituellement les personnes dont il s'agit, ont leur propriétés, leurs capitaux et exercent leurs professions où est établi leur domicile, c'est-à-dire hors de France; il était donc difficile de donner à l'impôt les mêmes bases que celles qui sont indiquées dans l'art. 10, c'est-à-dire pour les personnes domiciliées en France. Il a fallu imaginer un autre système pour fixer leur revenu imposable. Le revenu dit la loi, sera fixé une à somme égale à sept fois la valeur locative de la résidence unique ou des résidences multiples que possède ce contribuable, Français ou étranger, dont le domicile est hors de France; mais cette façon d'évaluer à forfait le revenu imposable, ne sera employée que dans le cas, où les propriétés exploitations ou profession sises ou exercées en France par le contribuable n'atteindront pas un chiffre plus élevé. Si elles atteignent ce chiffre, on le prendra comme base de l'impôt; si elles n'atteignent qu'un chiffre moins élevé, on s'en tiendra au revenu forfaitaire qui est un minimum au-dessous duquel on ne peut descendre.

ARTICLE 12.

Les contribuables mariés ont droit, sur leur revenu annuel, à une déduction de 2.000 francs.

En outre, tout contribuable a droit sur son revenu, annuel à une déduction de 1.000 francs par personne à sa charge, si le nombre des personnes à sa charge ne dépasse pas cinq.

Pour chaque personne au-delà de la cinquième la déduction sera portée à 1.500 francs.

Les contribuables mariés. — Il est à remarquer que la femme mariée, fait bénéficier son mari d'une déduction de 2.000 francs, mais qu'il n'est pas loisible à celui-ci de réclamer pour elle, une imposition distincte, ainsi que le dit formellement le *secundo* de l'article 8. Seule la femme séparée de biens et ne vivant pas avec son mari a droit à cette imposition distincte; ajoutons qu'il doit en être de même de la femme séparée de corps qui entraîne la séparation de biens, et, à plus forte raison, de la femme divorcée.

Si la femme séparée de corps, reprenait la vie commune, l'imposition distincte ne serait plus possible, et la déduction de 5.000 francs serait supprimée ; le mari n'aurait droit qu'à une déduction de 2.000 francs.

Quand à la femme divorcée qui reprendrait la vie commune, sans se remarier avec son ex-mari, elle serait considérée comme la concubine de celui-ci; donc, persistance de l'imposition distincte et de la déduction avantageuse de 5.000 francs. Si elle se remariait, la déduction ne serait plus que de 2.000 francs.

Par personne à sa charge. — La difinition de ces expressions se trouve à l'article 13. Quant aux différentes déductions qui ont été dictées dans l'intérêt des familles nombreuses, elles viennent s'ajouter le cas échéant, aux autres déductions légales.

ARTICLE 13.

Sont considérés, comme personnes à la charge du contribuable, à la condition de n'avoir pas de revenus distincts de ceux qui servent de base à l'imposition de ce dernier;

1° Les ascendants âgés de 70 ans ou infirmes ;
2° Les descendants ou enfants par lui recueillis, s'ils sont âgés de moins de 21 ans ou s'ils sont infirmes.

Personnes à la charge du contribuable. — Dans ces personnes n'est pas comprise la femme vivant avec son mari. C'est toujours l'article 12, dans ce cas, qui fixe la déduction de 2000 francs à laquelle le mari a droit.

Revenus distincts. — Des explications ayant été demandées au Sénat, sur le sens de ces mots, M. Paul Doumerc a répondu ainsi qu'il suit : « Si la personne à la charge du « contribuable, a un revenu de quelque nature qu'il soit, « qui entre dans la composition du revenu dudit contribua- « ble, c'est alors seulement que l'on pourra faire la déduc- « tion des 1000 francs. » M. le commissaire du Gouvernement a expliqué l'expression « revenus distincts » dans le même sens.

De ces explications, il résulte que lorsqu'un membre de la famille, confondra son revenu avec celui du chef de maison, le revenu de ce membre *ne sera pas distinct,* et le chef de maison aura droit a la déduction de 1000 francs par personne à sa charge et de 1500 francs au delà de cinq personnes. Dans le cas contraire, c'est-à-dire si le membre de la famille est imposé *distinctement,* le chef de maison n'aura pas droit à cette déduction.

Voici l'interêt de cette distinction :

Toutes les fois qu'une personne, à la charge du chef de maison, possèdera un revenu au-dessous de 1000 francs, il y aura pour celui-ci interêt a confondre le revenu de ladite personne avec le sien ; par exemple, si la personne n'avait qu'un revenu de 600 francs, le chef de maison augmenterait, il est vrai, son propre revenu de 600 francs; mais il aurait droit a une déduction de 1000 francs, ce qui lui ferait un bénéfice de 400 francs. Par contre, si la personne, à la charge du maître de maison, avait un revenu de 1500 francs, ce dernier serait en perte de 500 francs, s'il incorporait ce revenu de 1500 francs à son revenu personnel ; en effet, comme il n'aurait droit qu'à une déduction de 1000 francs, il perdrait 500 francs. Cette option entre la confusion des revenus et les impositions distinctes, se trouve indiquée dans l'article 8.

Les ascendants. — Quelque soit leur âge, s'ils sont infirmes, sont considérés à la charge du contribuable.

Les descendants ou enfants par lui recueillis. — Il n'est pas nécessaire que les enfants recueillis soient abandonnés ou orphelins, ainsi que le Gouvernement le demandait tout d'abord ; il suffit qu'ils soient recueillis et mineurs, nous ajoutons légitimes ou naturels et même de nationalité étrangère. Qant aux descendants, leur minorité est exigée, il n'est pas de même pour les infirmes ; leur infirmité suffit comme pour les ascendants.

La proposition de M. Servant, sénateur, tendant à comprendre, dans cet article, les filles au-delà de 21 ans, sous prétexte qu'après cet âge, elles étaient à charge à leurs parents, a été repousée par cette raison que, si l'on admettait cet amendement, on créerait, en faveur des parents qui conservent leurs filles à leur foyer et qui se dispensent ainsi de leur constituer une dot, une exemption fiscale qui serait une véritable prime au célibat.

ARTICLE 14.

Chaque contribuable est taxé seulement sur la portion de son revenu qui, après application des dispositions de l'article 12, dépasse la somme de 5000 francs.

Un exemple fera parfaitement comprendre les dispositions de cet article.

Un contribuable posséde par suite de ses propriétés, de ses capitaux, de sa profession, etc..., un revenu de 12000 fr. les déductions qu'il opére en vertu de l'article 12, s'élevant à 3000 francs, reste 9000, or ce revenu dépasse la somme de 5000 francs de 4000, c'est donc sur cette dernière somme de de 4000 que le contribuable sera simplement taxé.

ARTICLE 15.

L'impôt est calculé en comptant :

pour 1/5 la fraction de revenu imposable comprise entre........................ 5.000 et 10.000 fr.;
pour 2/5 la fraction de revenu imposable comprise entre........................ 10.000 et 15.000 fr.;
pour 3/5 la fraction de revenu imposable comprise entre........................ 15.000 et 20.000 fr,;
pour 4/5 la fraction de revenu imposable comprise entre........................ 20.000 et 25.000 fr.;
pour l'intégralité, le surplus du revenu, et en appliquant au chiffre aussi obtenu le taux de 2 pour 100.

Sur l'impôt ainsi calculé, chaque contribuable a droit à une réduction de 5 % pour une personne à sa charge, de 10 % pour deux personnes, de 20 % pour trois personnes, et ainsi de suite, chaque personne au delà de la troisième donnant droit à une nouvelle réduction de 10 %, sans que la réduction puisse être, au total, supérieur à la moitié de l'impôt.

Pour se rendre compte des dispositions de l'article 15, nous allons prendre comme exemple, dans le journal précité, un contribuable qui déclare un revenu de 30000 francs.

On retranche tout d'abord ..... qui sont en dehors de l'impôt. (*Art. 14*)	5.000	
Entre 5.000 et 10.000 fr. on prend 1/5, soit, sur	5.000	1.000
Entre 10.000 et 15.000 fr. on prend 2/5, soit, sur	5.000	2.000
Entre 15.000 et 20.000 fr. on prend 3/5, soit, sur	5.000	3.000
Entre 20.000 et 25.000 fr. on prend 4/5, soit, sur	5.000	4.000
Pour le surplus du revenu on prend l'intégralité soit, sur	5.000	5.000
	30.000	15.000

L'impôt sera perçu seulement sur 15.000 francs, ce qui, à 2 % (c'est le taux actuel), fait ressortir un impôt de 300 fr. à la charge du contribuable.

Faisons maintenant l'application du second paragraphe de l'article 15 aux chiffres qui précèdent, et supposons un contribuable ayant six personnes à sa charge, il aura droit à une déduction de 50 %, soit 150 francs.

Cette réduction ayant ainsi atteint la moitié de l'impôt, cette moitié ne peut plus être réduite et doit être payée, dans sa totalité, par le contribuable.

ARTICLE 16.

Les contribuables passibles de l'impôt, souscrivent une déclaration de leur revenu, global avec faculté d'appuyer cette déclaration de leur revenu du détail des éléments qui le composent.

Ils fournissent dans leur déclaration toutes indications nécessaires au sujet de leurs charges de famille.

Ils doivent, en outre, pour avoir droit au bénéfice des déductions prévues à l'article 10, indiquer dans leur déclaration le chiffre et la nature des dettes et pertes qu'ils ont déduites de leur revenu global en vertu de l'article 10.

Les déclarations sont rédigées sur ou d'après des formules dont la teneur sera fixée par un règlement d'administration publique.

Elles sont reçues dans les deux premiers mois de chaque année.

Le contribuable qui ne renouvelle pas sa déclaration est considéré comme ayant maintenu sa déclaration précédente.

Les déclarations dûment signées sont remises ou adressées au contrôleur des contributions directes qui en délivre récépissé.

Le contribuable passible de l'impôt qui n'a pas fait sa déclaration dans le délai prévu ci-dessus est prévenu qu'il peut encore la produire dans un nouveau délai d'un mois, mais à la condition d'indiquer la répartition, par nature de revenus de l'ensemble de ses ressources. Il est informé en même temps, du revenu d'après lequel son imposition sera établie d'office dans le cas où, il ne produirait pas de déclaration satisfaisant aux conditions stipulées par le présent paragraphe.

Les contribuables possibles de l'impôt. — **Nous avons vu à l'article 9 que les personnes dont le revenu imposable n'excède pas la somme de 5.000 francs, majorée, s'il y a lieu, conformement à l'article 12, étaient affranchis de l'impôt; donc toutes les autres, dont le revenu excède cette somme majorée, le cas échéant, y sont soumises.**

Souscrivent une déclaration. — **On a discuté longtemps, sans pouvoir s'entendre pour savoir si cette déclaration était *obligatoire* ou *facultative*: Ce qui est certain, c'est qu'à défaut de déclaration, le contribuable est taxé d'office et que, s'il conteste cette taxation, il est obligé d'apporter toutes les justifications de nature à faire la preuve du chiffre exact de son revenu, de plus; tous les frais de l'instance engagée restent à sa charge, y compris ceux d'expertise (*Article 19, dernier paragraphe.*) Il encourt même d'autres déchéances. Ces déchéances ont été considérées par ceux qui soutenaient que la déclaration était facultative comme des primes et des avantages, au profit des déclarants. Sans prendre parti dans cette discussion demandons-nous ce qui est préférable de la déclaration ou de la taxation ?**

Notre avis, sur ce point, est que, suivant les cas, il y aura lieu, de choisir entre la déclaration et la taxation, mais nous considérons comme beaucoup plus nombreux les cas où le contribuable devra se décider pour la déclaration.

De leur revenu global. — **Le revenu global de chaque contribuable est fourni par la totalisation des revenus nets de diverses catégories acquis par l'intéressé au cours de l'année qui a précédé celle de la déclaration, sous déduction de charges ayant grevé l'ensemble de ses revenus pendant la même année et qui figurent à l'article 10.**

Plaçons sous nos yeux l'exemple donné à l'article 10 :

Le contribuable déclarera donc son revenu global soit 14.000 fr. et les déductions conténus dans l'art. 10 soit 7.000 fr. avec la nature et le chiffre de chacune de ces déductions. Pour trouver les 21.000 fr. le contrôleur n'aura qu'à additionner

les deux nombres ainsi déclarés soit 7.000 fr. plus 14.000 fr.

Notons que nous raisonnons, jusqu'au dernier paragraphe non compris de l'article 16, au regard d'un contribuable qui a fait sa déclaration dans les deux premiers mois de l'année.

Avec la faculté. — Si le législateur ne lui en fait pas un devoir, il est certain qu'il verrait avec plaisir dans cette déclaration du revenu *total net*, le détail des éléments qui le composent, soit le groupe A, puisqu'il l'y invite ; mais, le contribuable n'est pas obligé de déférer à cette invitation.

Charges de famille. — (*Art. 12 et 13*). Le contribuable devra faire figurer dans sa déclaration, les motifs susceptibles de les justifier ; il devra, par exemple, dire, s'il est marié, la date et le lieu de son mariage ; s'il habite avec sa femme, s'il a des personnes à sa charge ; les noms prénoms, dates et lieux de naissances de chacune, etc, etc. (*Voir décret du 15 janvier 1916*). Il faut, en effet, que l'Administration soit à même de contrôler le bien fondé de sa demande.

Déductions prévues à l'article 10. — C'est la même pensée qui a guidé le législateur, en obligeant le contribuable d'indiquer dans sa déclaration le chiffre et la nature des dettes et pertes qu'il a déduites de son revenu global, groupe B. (*Voir Art. 10. Voir décret du 15 janvier 1916 lettre C). Journal Officiel* du 23 janvier 1916.

Elles sont reçues. — Le mot « reçues » veut-il dire que l'Administration doive etre en possession des déclarations avant l'expiration du 2e mois, ou bien, suffit-il que les déclarations soient expédiées par le contribuable avant cette expiration? C'est une question qui n'a pas été tranchée, mais, quoiqne le mot reçu, soit assez significatif, nous ne pensons pas que l'Administration soulève à cet égard la moindre difficulté.

Dans les deux premiers mois de chaque année. — C'est-à-dire Janvier et Février ; mais pour l'année 1916, l'ouverture de la déclaration a été retardée par un décret du 30 Décembre 1915, et les déclarations seront reçues pendant la période de 2 mois s'étendant du 1er Mars au 30 Avril. En outre, des délais supplémentaires qui pourront aller jusqu'à 3 mois après la cessation des hostilités, et qu'un décret règlera ultérieurement, seront accordés aux contribuables mobilisés ou non, qui se trouveront par suite de force majeure, empêchés de faire leur déclaration dans le délai du droit commun. Observons qu'en toute autre circonstance la force majeure n'est pas admise.

Les déclarations dûment signées. — Rien dans la loi ni dans le décret du 15 Janvier 1916, n'indique comment feront les personnes qui ne savent pas signer. Nous pensons qu'on leur facilitera, sans frais, l'accomplissement de cette formalité; par exemple elles apposeront sur leur déclaration une croix suivie de la signature de deux témoins.

Récépissé. — Les contrôleurs doivent donner un recépissé des déclarations qui leur sont remises ou adressées; le contribuable, devra, s'il y a lieu, le réclamer et le conserver pour prouver, au besoin, qu'il a agi dans les délais voulus.

Déclarations non renouvelées. — Le contribuable qui n'a pas renouvelé sa déclaration de l'année précédente se trouve dans la même situation que ceux qui ont fait leur déclaration pour l'année courante; il n'y a pas dans ce cas taxation d'office.

Nouveau délai. — Les paragraphes de l'article 16 qui précèdent visent les déclarations faites *dans les deux premiers mois* de chaque année, et dans ce cas le contribuable n'est tenu qu'à révéler son revenu global, qu'à indiquer le chiffre et la nature des dettes et pertes de l'article 10, et qu'à fournir tout les renseignements nécessaires pour les déductions relatives à l'article 12.

Le dernier paragraphe du même article vise les déclarations faites *après les deux premiers mois* de chaque année. Ainsi qu'on peut le voir, le contribuable en retard n'est pas aussi bien traité que celui dont nous venons de parler; il est, en effet, avisé qu'il peut encore faire sa déclaration pendant le troisième mois, ou, plus exactement, dans le délai d'un mois à partir de l'avis du contrôleur, mais qu'il sera dans l'obligation d'indiquer les éléments divers dont se composent ses revenus. Aussi, dans l'exemple que nous avons donné à l'article 10, il faudra que sa déclaration indique qu'il tire de sa profession 6000 francs, de ses immeubles 7000 francs, de ses capitaux 5000 francs et d'une rente 3000 francs, éléments divers qui totalisés produisent 21000 francs, autrement dit qui forment le groupe A.

ARTICLE 17.

Le contrôleur vérifie les déclarations uniquement à l'aide des éléments certains dont il dispose en vertu de ses fonctions, tels que les données servant à l'établissement des rôles des contributions directes et des taxes assimilées, ainsi que de ceux qui, recueillis par tous les services publics en vertu des lois existantes, doivent, sans exception, lui être communiqués. Il n'a le droit d'exiger de l'interessé la production d'aucun acte, livre ou document quelconque. Le contrôleur peut rectifier la déclaration;

mais, dans ce cas, il adresse au contribuable, avant d'établir la matrice du rôle, l'indication des éléments qui serviront de base à son imposition, l'invite à se faire entendre ou à faire parvenir son acceptation ou ses observations, et à fournir, s'il y a lieu, les justifications utiles au sujet des déductions qu'il demande par application des articles 10, 12, et 15. Si le désaccord persiste, le contribuable conserve le droit de réclamer par la voie contentieuse, après la publication du rôle.

Lorsqu'une insuffisance du revenu déclaré aura été constatée par l'Administration après l'établissement du rôle, la cotisation correspondant à cette insuffisance pourra être reclamée au contribuable, soit dans l'année même, soit au cours des cinq années suivantes.

Si une réclamation est introduite, le tribunal saisi du litige apprécie les motifs invoqués par l'Administration et par le contribuable et fixe la base d'imposition, la charge de la preuve incombant à l'Administration.

Eléments certains. — Il est évident que le contrôleur a le droit de vérifier toutes les déclarations, même négatives, qu'il reçoit en vertu de l'artice 16 ; mais cette vérification ne peut se faire d'une façon quelconque, soit par enquête, soit à l'aide de renseignements plus ou moins suspects.

Ce mot *renseignement* qui figurait primitivement dans le projet de loi a été écarté et remplacé par l'expression *éléments*, laquelle, sur l'initiative de M. Boivin Champeaux a été suivie de l'épithète de *certains*.

C'est en vain qu'on a cherché à obtenir une nomenclature complète des *éléments certains;* le Ministre s'est contenté de répondre que cette expression désignait les éléments ayant une valeur certaine. En d'autres termes, a-t-il ajouté, les évaluations administratives ne pourront reposer sur de simples appréciations, mais devront avoir pour bases les données de véritables documents.

Parmi ces documents, M. le rapporteur général a cité le prix des offices, les jugements sur contestation, concernant soit des cessions soit des bénéfices, soit des intérêts de communautés, les inventaires à la suite de décès, les partages de succesion, etc. etc.

Enfin, d'après, le chapitre III du décret du 15 Janvier 1916, article 11, les *éléments certains* doivent s'entendre de tout élément de preuves ayant un caractère d'authenticité certaine et dont les contrôleurs ont eu connaissance ou communication en vertu de leurs fonctions.

Production d'aucun acte livré ou document quelconque. — A priori cela est vrai, mais si l'on considère ce qui se passe après la vérification des contrôleurs, on est bien obligé de de reconnaître que, si le contribuable veut discuter utilement avec ce fonctionnaire, il sera, peut-être, dans l'obligation, ainsi que le dit M. Denys Cochin « d'ouvrir sa valise ».

En effet, le contrôleur estime que la déclaration n'est pas exacte ; il la rectifie et adresse au contribuable, non seulement le chiffre indiquant la rectification dont s'agit, mais l'indication précise des éléments certains sur lesquels doit être basée son imposition, l'invitant à accepter ou à contester. Si le contribuable accepte, tout ira bien. Si le désaccord persiste, c'est-à-dire si un accord amiable ne se produit pas, le contrôleur établit la matrice du rôle, suivant ses chiffres à lui ; et ce n'est qu'après la *publication du rôle* que le contribuable a le droit de réclamer par la voie contentieuse. Du moment que celui qui a fait sa déclaration n'est pas appelé par le contrôleur à venir s'entendre avec lui, c'est que sa déclaration est acceptée.

Insuffisance du revenu déclaré. — Lorsque l'Administration aura constaté, après l'établissement du rôle, dans la déclaration du contribuable, une insuffisance de revenu, c'est insuffisance pourra être réclamée au contribuable, qui sera en droit de contester devant les Tribunaux. Ce qu'il y a de particulièrement remarquable dans cette disposition légale c'est que le législateur ne l'applique qu'aux contribuables ayant pris l'initiative d'une déclaration, et non a ceux qui se sont laissé taxer. (*Voir Art. 20.*)

Dans l'année même, soit. — C'est-à-dire pendant 5 années entières en dehors de celle où l'insuffisance a été constatée.

Le Tribunal fixe la base d'imposition. — Supposons le contribuable déclarant et l'Administration aux prises devant le conseil de Préfecture, après avoir essayé inutilement un règlement amiable. Le contribuable a déclaré un revenu de 7.000 francs et l'Administration prétend que le revenu du dit contribuable est en réalité de 9.000 francs.

Il n'est pas douteux que l'administration *à qui imcombe la preuve de sa prétention* ne peut se présenter devant le Tribunal qu'avec des *éléments certains.*

S'ils font défaut le Tribunal déboutera purement et simplement l'Administration, et c'est sur la déclaration du contribuable c'est-à-dire sur 7.000 fr. que sera fixée la base de l'imposition.

ARTICLE 18.

Dans le cas où le contribuable n'a déclaré qu'un revenu insuffisant, il est tenu de verser, en sus des droits afférents au montant réel de son revenu imposable, une somme égale à la partie de ces droits correspondant au revenu non déclaré. Toutefois le droit en sus n'est applicable que si l'insuffisance constatée est supérieure au dixième du revenu imposable.

Cet article doit être rapproché de l'avant dernier de l'article 17. Il s'agit également d'une insuffisance de reveuu déclaré; dans ce cas, le droit en sus qui est réclamé n'est dû que si l'insuffisance est supérieure au dixième du revenu imposable.

Soit un revenu imposable de 8.000 francs, le dixième étant 800 francs, si l'insuffisance n'est que de 700 francs, le contribuable ne paiera que les droits afférents au montant réel de son revenu imposable; si l'insuffisance est de 900 francs, il payera, en sus, une somme égale à la partie de ces droits correspondant au revenu non déclaré.

Résumé. — Les articles 16, 17 et 18 que nous venons d'examiner ne se rapportent qu'aux contribuables qui ont fait une déclaration; que cette déclaration se soit produite dans les deux premiers mois ou seulement dans le troisième mois.

Cependant les déclarants des deux premiers mois sont mieux traités que ceux du troisième mois, en ce sens qu'ils ne sont tenus qu'à indiquer leur revenu global avec les déductions de l'article 10, tandis que les autres sont tenus d'indiquer les différents éléments qui composent leur revenu.

A part cette différence leur situation est la même; ils ont droit, tous, aux déductions des 1°, 2°, 3° et 4° de l'article 10 et à leur égard, la charge de la preuve incombe aussi à l'Administration.

Nota. Il importe d'indiquer que le ministre des Finances, répondant à une question de M. le sénateur Boucher, a déclaré qu'il considérait que l'acception explicite et formelle de la taxation faite d'office par l'Administration équivalait à une déclaration, et qu'elle pouvait, par conséquent, ouvrir le droit aux mêmes avantages.

Il semble enfin que ceux-là seuls qui sont passibles de l'impôt c'est-à-dire ceux dont le revenu imposable excède la somme de 5.000 fr. majorée comme il est expliqué à l'article 9, soient invités par la loi à faire une déclaration.

Sans doute, les personnes dont la manière de vivre ne comportera manifestement qu'un revenu inférieur à 5.000 fr. n'auront pas à se préoccuper d'une déclaration quelconque, elles ne courent aucun danger, mais pour celles qui sont susceptibles d'être considérées comme ayant plus que moins, il en sera différemment.

La loi n'en parle pas, il est vrai, positivement, mais le décret du 15 janvier 1916 vise spécialement, dans l'article 7, les personnes qui ne se considèrent pas passibles de l'impôt, sans la distinction que nous venons de faire, et au bas du paragraphe VIII de la déclaration, nous lisons les instructions suivantes :

« Si un contribuable, n'ayant qu'un revenu inférieur à 5.000 francs, compte tenu de toutes les déductions prévues par la loi, juge à propos de faire une déclaration, soit spontanément, soit en réponse à l'avis du contrôleur le prévenant que l'Administration le croit passible de l'impôt, il consigne les renseignements concernant les déductions auxquelles il aurait droit ; mais il n'est pas tenu d'indiquer le montant de ses revenus et il peut se borner à inscrire la seule mention : « Revenu de moins de 5.000 francs, affirmant aussi qu'il n'est pas passible de l'impôt ». Quoiqu'il en soit, nous pensons que le contribuable qui, se croit, à raison, non passible de l'impôt, et qui, par conséquent n'a pas à craindre d'être taxé, peut se dispenser de toute déclaration.

ARTICLE 19.

L'imposition du contribuable taxé d'office est valablement établie par l'Administration, d'après les éléments définis à l'article 17, après qu'il a été invité a être entendu, sans que, à défaut d'éléments certains, le revenu imposable puisse dépasser :

1° Pour les propriétés bâties et non bâties, une somme égale au revenu net servant de base à la contribution foncière ;

2° Pour les bénéfices agricoles, une somme égale à la moitié de la valeur locative des terres exploitées ;

3° Pour toute profession assujettie à la patente, une somme égale à trente fois le principal de la patente.

En cas de désaccord avec l'Administration, le contribuable taxé d'office ne peut obtenir, par la voie contentieuse, la décharge ou la réduction de la cotisation qui lui à été ainsi assignée qu'en apportant toutes les justifications de nature à faire la preuve du chiffre exact de son revenu, et il supporte la totalité des frais de l'instance, y compris ceux d'expertise. Toutefois, au cas où son revenu, établi par la juridiction compétente, ne serait pas supérieure de plus de 10 pour 100 au chiffre du revenu produit par lui, ces frais incombent à l'Etat.

Taxée d'office.— Cet article suppose qu'aucune déclaration n'a été faite par le contribuable : Il est alors taxé d'office par l'Administration, et il sait déjà à quoi s'en tenir *(Art. 16)*.

Le *quantum* de cette taxation ne dépend pas uniquement de ceux qui en sont chargés. La loi leur impose, d'abord, d'inviter le contribuable pour être entendu ; ils doivent ensuite établir son revenu d'après les éléments définis à l'article 17, c'est-à-dire d'après des « éléments certains » et si ces éléments font défaut ils ne peuvent fixer le revenu imposable au delà des limites tracées dans les 1°, 2° et 3° du présent article. C'est en somme une barrière utile, a-t-il été dit, contre les excés que pourraient commettre les agents de l'Administration et contre les erreurs qui pourraient se produire.

Le maxima qui constituent cette barrière sont les suivants:

1° pour les propriétés bâties et non bâties: la contribution foncière réduit de 1/4 le revenu brut pour les premières, et de 1/5 pour les secondes; une maison d'un revenu brut de 1000 francs ne sera taxé que pour 750 francs; et pour une terre produisant un revenu brut de 1000 francs le revenu net ne sera inscrit que pour 800 francs.

M. Brager de la Ville-Moysan fit remarquer qu'il y avait une certaine discordance entre le mode d'évaluation des propriétés bâties et non bâties telle qu'elle est prescrite par l'article 12, et la manière dont elle doit être faite d'après l'article 19. Il demanda si le propriétaire, quand il fait sa déclaration est obligé de déclarer la totalité de son revenu, ou bien, s'il peut défalquer de ce revenu, dans sa déclaration faite en vertu de l'article 12, ce qui en sera automatiquement défalqué d'après l'article 19, au cas de taxation.

A cette question M. le commissaire du Gouvernement répondit: « On déduit le quart ou le cinquième et en outre, le contribuable a le droit, dans sa déclaration, de faire état des impôts qu'il paie.

Dans une autre séance, M. le sénateur Touron faisait une réponse différente; il soutint que dans la déclaration faite en vertu de l'article 12, c'est le revenu net, sous déduction des charges, le revenu réellement encaissé, même s'il est inférieure au présent article, qui doit être pris pour base; et le forfait, c'est à dire le revenu imposable au foncier, n'apparaît que dans le second cas, lorsque, à défaut de déclaration, il y a taxation administrative.

Pour les bénéfices agricoles. — Si à défaut de baux, l'estimation de la valeur locative donne lieu à des difficultés, il sera nécessaire de recourir à une expertise.

Pour toute profession assujettie à la patente. — C'est seulement le principal de la patente, non compris les centimes additionnels, qui doit être multiplié par 30.

Ce revenu forfaitaire, de 30 fois le principal de la patente, peut-être, quelquefois, bien supérieur au revenu réel; dans ce cas le contribuable devra souscrire une déclaration en temps opportun.

Il a été bien entendu que dans le 3° de l'article 19, le mot « patente » ne pouvait avoir qu'une portée actuelle et momentanée. En l'employant, on a voulu dire qu'il s'agissait en l'espèce d'une imposition s'appliquant aux revenus commerciaux et industriels. Mais toutes les modifications qui seront introduites dans le mode de taxation de ces revenus modifieront, par là même, la base fixé par le 3° de l'article 19.

A propos du 3° de l'article 19, M. Touron fit un rapprochement avec le 1° du même article et présenta un amendement ayant pour but d'éviter que l'immeuble servant à une industrie ne fut frappé deux fois. — En effet, disait, l'honorable sénateur :

« Pour les immeubles non industriels ce sera très simple : ou il y aura des baux, et alors, le prix sera indiqué ; ou il n'y aura pas, et alors, le contrôleur prendra le revenu imposable au foncier. »

« Mais pour l'immeuble faisant partie d'une exploitation industrielle, comment procèdera-t-on : Faudrait-il considérer l'immeuble, d'abord au point de vue de la qualité d'immeuble, c'est-à-dire, porter le revenu imposé au foncier pour ces immeubles, et ajouter ensuite le principal de la patente multiplié par 30 ? Mais alors, il y aurait superposition indéniable ; il faudrait se borner à multiplier par 30 le principal de la patente. »

Devant ces observations, le Ministre répondit qu'il était d'accord avec M. Touron, pour éviter toute superposition, et que des instructions, dans ce sens, seraient données au service des contributions directes.

L'amendement Touron fut alors retiré.

En cas de désaccord. — Là aussi, comme en matière de déclaration, Art. 17, le contribuable est invité par le contrôleur à être entendu. Un débat contradictoire s'engage et à défaut d'entente, il peut demander, par la voie contentieuse, la décharge en réduction de la cotisation, telle qu'elle a été arrêtée par la taxation.

Mais dans ce cas, à la différence de ce qui a lieu en matière de déclaration, la preuve incombe au contribuable qui doit apporter les justifications de nature à rechercher le chiffre net de son revenu. Bien plus, il supporte les frais de justice.

Cependant, si le revenu établi par le tribunal n'excède pas de plus de 10 % le revenu qu'il prétend avoir, les frais incombent à l'Etat.

Par exemple, un contribuable a été taxé comme ayant un revenu imposable de 8.000 francs ; il soutient, et cherche à prouver que son revenu n'est que de 7.000 francs ; le Tribunal apprécie que ce revenu doit être fixé à 7.500 francs. Dans ce cas, c'est l'Etat qui est condamné aux frais. En effet,

7.500 fr. n'excèdent pas de plus de 10 0/0 les 7.000 fr. de revenu prétendus par le contribuable.

Il n'est pas question dans l'article 19 de *valeurs mobilières*, qui, cependant, sont très importantes.

En ce qui concerne ces valeurs, disait le rapporteur, il n'y a d'éléments certains que ceux pouvant tomber fortuitement entre les mains du fisc. Pour cette catégorie de revenus, il ne pourra être question de maximum, on peut ajouter : pas plus que pour bien d'autres.

ARTICLE 20.

En cas d'insuffisance de déclaration ou de taxation constatée à l'ouverture d'une succession le Trésor opèrera le recouvrement des impôts non perçus.

Cet article, dont le Sénat ne voulait à aucun prix et qu'il n'a accepté qu'avec d'importantes modifications, doit être rapproché des articles 17, avant dernier paragraphe et de l'article 18 où il est également question d'insuffisance. Mais dans les deux articles précités, l'insuffisance ne porte que sur le revenu *déclaré*. Autrement dit l'insuffisance qui est visée n'est que celle constatée dans la *déclaration*.

L'article 20, au contraire, se place non seulement dans le cas d'insuffisance de *déclaration* mais aussi de *taxation*.

Cette insuffisance sera constatée à l'ouverture de la succession par les nombreux moyens dont le fisc dispose ; déclaration de succession, apposition de scellés, inventaire, etc. etc. mais toujours au moyen *d'éléments certains*.

Cet article ne dit pas, comme l'avant dernier paragraphe de l'article 17, pendant combien de temps le Trésor pourra opérer le recouvrement sur une succession, des impôts non perçus ; mais il semble résulter de la déclaration faite au Sénat par le rapporteur général que le droit de répétition ne peut dépasser 5 années, sans compter l'année où s'est ouverte la dite succession. Cependant, l'article 14 du décret du 15 janvier 1916 en décide autrement ; il en résulte que pour le contribuable qui a été omis ou insuffisamment imposé aux rôles de l'année de son décès ou de l'une des années antérieures, les sommes sont recouvrées, au moyen de rôles qui peuvent être émis au cours des deux années suivant la déclaration de la succession, ou le paiement par les héritiers tions des droits, de mutation, si aucune déclaration n'a été faite.

ARTICLE 21.

Les rôles de l'impôt général sur le revenu sont établis et le recouvrement en est poursuivi comme en matière de contributions directes.

En cas de déménagement du contribuable hors du ressort de la perception, comme en cas de vente volontaire ou forcée, l'impôt est immédiatement exigible pour la totalité de l'année courante.

Rôles. — **Sur une question de M. le Sénateur Dreyfus, M. le rapporteur a expliqué que la publication de rôles en matière de contributions directes ne comporte en aucune façon une publicité quelconque des cotisations inscrites dans ces rôles, mais seulement la publicité de ce seul fait que le rôle est mis en recouvrement. Il ne faut pas confondre la publication des rôles et la publicité des matrices qui sont déposées à la mairie.**

Avec l'impôt sur le revenu il n'y aura pas de dépôts de matrices à la mairie.

Il n'existera donc aucun inconvénient à maintenir telle qu'elle existe aujourd'hui la formalité de la publication des rôles. Aux termes de l'article 12 du décret du 15 Janvier 1916, des rôles supplémentaires peuvent être établis au cours de l'année de l'imposition pour y inscrire les contribuables omis.

Recouvrement comme en matière de Contributions directes. — **C'est-à-dire par voie de contrainte.**

La contrainte forme un titre légal que l'Administration se délivre a elle même, et qui, à certains point de vue, possède la force et l'autorité d'une décision de justice; elle permet, notamment, les saisies-arrêts et les saisies-exécutions.

En cas de déménagement. — **L'impôt doit être payé immédiatement pour toute l'année, sinon, le mode de paiement est le même que pour les autres contributions.**

Les propriétaires et les principaux locataires ne sont pas tenus comme en matière de contributions directes à avertir le percepteur du déménagement de leurs locataires.

L'impôt sur le revenu est en effet, un impôt personnel complètement en dehors du loyer.

ARTICLE 22.

Les réclamations relatives à l'impôt général sur le revenu sont présentées, instruites et jugées comme en matière de contributions directes.

Toutefois, ces réclamations sont jugées et les décisions prononcées en audience non publique.

C'est le conseil de préfecture qui est compétent en première instance et en appel, le conseil d'Etat.

Instruite et jugée comme en matière de contributions directes — A cet égard nous devons nous reporter à l'article 17 de la loi du 15 Juillet 1903 : « l'article 28 paragraphe 1er de la loi du 21 Avril 1832, dit l'article 17, est modifié ainsi qu'il suit :

« Tout contribuable qui se croira imposé à tort ou surtaxé adressera sa demande en décharge ou réduction au préfet ou au sous-préfet dans les 3 mois de la publication du rôle, mais sans préjudice des délais accordés par les lois pour des cas spéciaux. »

« Cette demande mentionnera, a peine de non recevabilité, la contribution à laquelle elle s'applique et, à défaut de la production de l'avertissement, le numéro de l'article du rôle sous lequel figure cette contribution; elle contiendra indépendamment de l'indication de son objet, l'exposé sommaire des moyens par lesquels son auteur prétend la justifier. »

« Il sera formé une demande distincte pour chaque commune.

« Les demandes entachées d'un des vices de forme prévus aux deux paragraphes précédents seront, avant toute instruction au fond, déposées à la préfecture ou à la sous-préfecture, conformément aux prescriptions de l'article 29 de la loi du 21 avril 1832; les intéressés seront avisés en même temps qu'ils sont admis à les régulariser par la simple production des pièces ou indication dont l'absence aura été constatée. La régularisation pourra valablement être faite dans les dix jours qui suivront la réception de cet avis et, dans tous les cas, jusqu'à l'expiration des délais fixés pour la présentation des réclamations. »

« Nul n'est admis à introduire ou à soutenir une réclamation pour autrui s'il ne justifie d'un mandat régulier. »

« Le mandat, doit être, à peine de nullité, écrit sur papier timbré et enregistré, à moins que la demande à laquelle il s'applique n'ait pour objet une côte inférieure à 30 francs ; il doit, sous la même sanction, être produit en même temps que la réclamation lorsque celle-ci est introduite par le mandataire. »

« Les frais de timbre et d'enregistrement du mandat sont comme les frais de timbre de la demande, compris dans les dépends de l'instance ; ils sont liquidés et attribués ou compensés dans les conditions prévues au dernier paragraphe de l'article 42 de la loi du 28 Mars 1897. »

« Lorqu'une réclamation n'aura pas été jugée dans les six mois qui suivront sa présentation, le contribuable aura la faculté, dans la limite du dégrèvement sollicité par lui, de différer le paiement des termes qui viendront à échoir sur la contribution contestée et à la condition d'avoir préalablement, dans sa demande, manifesté cette intention et fit le montant ou les bases du dégrèvement auquel il prétend. (1)

« Sont abrogées les disposition de l'article 12 de la loi du 6 Décembre 1897, et de l'article 6 de la loi du 11 Décembre 1902. »

Audience non publique. — **C'est le secret des fortunes que l'on a voulu protéger par le paragraphe de l'article 22 et les articles suivants.**

ARTICLE 23.

Tous avis et communications échangés entre les agents de l'Administration ou adressés par eux aux contribuables et concernant l'impôt sur le revenu doivent être transmis sous enveloppe fermée.

Les franchises postales et les taux spéciaux d'affranchissement reconnus nécessaires seront concédés ou fixés par décret.

Est tenue au secret professionnel dans les termes de l'article 378 du code pénal et passible des peines prévues au dit article, toute personne appelée, à l'occasion de ses fonctions ou attributions, à intervenir dans l'établissement, la perception ou le contentieux de l'impôt.

Enveloppes fermées. — **On à déjà eu recours aux enveloppes fermées pour les exploits d'huissier afin d'éviter des indiscrétions regrettables.**

Les franchises postales. — **Elles ont été réglées par un décret en date du 28 Janvier 1916, publié dans le *Journal Officiel* du 5 Février de la même année.**

Ces franchises postales ne concernent que la correspondance des fonctionnaires entre eux et la correspondance adressée par eux aux contribuables; quant à ceux-ci, ils ne jouissent d'aucune franchise, et sont dans l'obligation d'envoyer leur déclaration écrite *sous pli affranchi* au contrô-

---

(1) Nous recommandons particulièrement ce dernier paragraphe à l'attention des contribuables.

leur des Contributions, directes à moins qu'ils ne la lui remettent en main propre.

Est tenu au secret professionnel. — Il s'agit d'un secret sanctionné par l'article 378 du code pénal qui punit d'un emprisonnement d'un mois à six mois, et d'une amende de 100 francs à 500 francs, ceux qui révélent les secrets professionnels dont ils sont dépositaires à raison de leur état et profession.

Toute personne. — Cette expression doit être limitée par les termes même du dernier de l'article 23.

ARTICLE 24.

Les contribuables ne sont autorisés à se faire délivrer des extraits des rôles de l'impôt général sur le revenu, suivant les dispositions législatives ou réglementaires applicables aux contributions directes, qu'en ce qui concerne leurs propres cotisations.

Actuellement, tout contribuable, contre un versement de 25 centimes que les percepteurs ont le droit de retenir, peut se faire délivrer des extraits des rôles de tous les contribuables inscrits.

Il n'en est plus ainsi pour l'impôt sur le revenu. M. le Président de la Commission du budget au sénat en a donné le motif en disant qu'en instituant la publicité complète des rôles on souleverait dans le pays une protestation générale.

ARTICLE 25.

Un règlement d'Administration publique fixera les mesures d'exécution necessaires pour l'application des dispositions des articles 5 à 24 de la présente loi.

Ces articles entreront en vigueur à partir du 1er Janvier 1915.

Les documents visés à cet article, et dans le 4e paragraphe de l'article 16 ont été publiés dans le *Journal Officiel* du 23 Janvier 1916, pages 622, 623, 634 et suivantes : Il importe de les consulter avant toute déclaration et de se munir des formules qui seront mises dans toutes les mairies à la disposition des contribuables.

A partir du 1er Janvier 1915. — **A cause des événements l'application de cette loi a été renvoyée au 1er Janvier 1916, mais, l'ouverture des déclarations a été retardée ; les premières seront reçues pendant les mois de Mars et Avril. (*Voir article 16.*)**

Formalités Essentielles

A REMPLIR PAR LES CONTRIBUABLES

(A) Français ou Étrangers domiciliés en France.

DÉCLARATION

1° Dans les deux premiers mois de l'année, par exception en 1916, mars et avril.

En principe nous conseillons la déclaration.

Trois catégories de contribuables.

Première catégorie : Ceux qui manifestement et sans conteste possèdent un revenu bien inférieur au revenu imposable.

Deuxième catégorie : Ceux dont les revenus paraissent atteindre le revenu imposable, mais qui, en réalité, ne l'atteignent pas.

Troisième catégorie : Ceux dont les revenus sont certainement passibles de l'impôt.

Pour la première catégorie, nous jugeons toute déclaration inutile.

Pour la deuxième, les contribuables, qui voudront, se présenteront à la mairie ; on leur délivrera une note et une formule de déclaration contenant huit paragraphes. Le dernier de ces paragraphes est suivi d'un *nota* leur indiquant ce qu'ils devront faire.

Pour la troisième catégorie, les contribuables devront remplir les différents paragraphes de la formule de déclaration ; mais ils ne sont pas obligés de donner le détail de leur revenu.

2° Dans le troisième mois de l'année, par exception en 1916 dans le mois de mai.

Les contribuables peuvent encore déclarer, comme dans

les deux premiers mois ; mais, s'ils le font, ils sont tenus de donner le détail de leur revenu ; ou, ce qui équivaut à une déclaration, il peuvent accepter la taxation qui leur est signifiée. On doit faire parvenir les déclarations au contrôleur dont l'adresse est donnée à la mairie et réclamer récépissé.

(*B*) **Français ou Étrangers résidents en France.**

Leur situation est réglée par l'article 11. Ils paraissent, eux aussi, avoir intérêt à déclarer : 1° soit pour faire connaître la valeur locative de leur résidence ; 2° soit s'ils tirent des revenus de propriétés, exploitations ou professions sises ou exercées en France pour donner le chiffre de ces revenus ; mais ils sont avertis que dans aucun cas ils ne peuvent être imposées au dessous de sept fois la valeur locative de leur résidence.

TAXATION

A défaut de déclaration dans les délais impartis les contribuables sont définitivement taxés.

Dans tous les cas un accord amiable peut être tenté avec le contrôleur. Au cas de désaccord persistant, les contribuables ont la ressource de s'adresser au Conseil de Préfecture (juridiction peu coûteuse).

TABLE DES MATIÈRES

Imprimerie Ouvrière, rue Gambetta, Tonneins. — *Téléphone 17*

www.ingramcontent.com/pod-product-compliance
Lightning Source LLC
Chambersburg PA
CBHW051347050726
47595CB00006B/2432

* 9 7 8 2 0 1 3 4 1 6 8 8 7 *